BEI GRIN MACHT SICH IHR WISSEN BEZAHLT

- Wir veröffentlichen Ihre Hausarbeit, Bachelor- und Masterarbeit

- Ihr eigenes eBook und Buch - weltweit in allen wichtigen Shops

- Verdienen Sie an jedem Verkauf

Jetzt bei www.GRIN.com hochladen und kostenlos publizieren

Holger Skorupa

Paix par le courage

Die Reaktionen der Parteien der Weimarer Republik und Frankreichs auf den Vertrag von Locarno vor dem Hintergrund deutsch - französischer Beziehungen

GRIN Verlag

Bibliografische Information der Deutschen Nationalbibliothek:

Die Deutsche Bibliothek verzeichnet diese Publikation in der Deutschen National-
bibliografie; detaillierte bibliografische Daten sind im Internet über http://dnb.d-
nb.de/ abrufbar.

Impressum:

Copyright © 2007 GRIN Verlag GmbH
Druck und Bindung: Books on Demand GmbH, Norderstedt Germany
ISBN: 978-3-638-82453-8

Dieses Buch bei GRIN:

http://www.grin.com/de/e-book/74410/paix-par-le-courage

GRIN - Your knowledge has value

Der GRIN Verlag publiziert seit 1998 wissenschaftliche Arbeiten von Studenten, Hochschullehrern und anderen Akademikern als eBook und gedrucktes Buch. Die Verlagswebsite www.grin.com ist die ideale Plattform zur Veröffentlichung von Hausarbeiten, Abschlussarbeiten, wissenschaftlichen Aufsätzen, Dissertationen und Fachbüchern.

Besuchen Sie uns im Internet:

http://www.grin.com/

http://www.facebook.com/grincom

http://www.twitter.com/grin_com

paix par le courage

Die Reaktionen der Parteien der Weimarer

Republik und Frankreichs auf den Vertrag von

Locarno vor dem Hintergrund deutsch –

französischer Beziehungen

Lehrveranstaltung:	Ü NG II: Von „Versailles" nach „München". Deutsch-französische Beziehungen, 1918 – 1938/39
Verfasser:	Holger Skorupa

Gliederung

1. Einleitung

1871, 1914, 1919. Daten, die sich in dem Bewusstsein zweier Staaten ganz besonders eingeprägt haben. Am 18. Januar 1871 wird im Spiegelsaal zu Versailles der erste Kaiser des zweiten Deutschen Reiches vor dem Hintergrund der französischen Niederlage gekrönt. Am 3. August 1914 erklärt Deutschland unter Kaiser Wilhelm II. Frankreich den Krieg, der Anstoß zum ersten weltumfassenden Konflikt. Am 18. Juni 1919 wird der Versailler Vertrag unterzeichnet und damit die Niederlage Deutschlands im ersten großen Krieg besiegelt. Drei Daten, die nicht nur als historisch wichtige Tage in die Geschichte eingegangen sind. Sie sind viel mehr als das: tiefgreifende Ereignisse in der Beziehung zwischen Deutschland und Frankreich. Sie sind Fundamente der Wut, Angst und des ausartenden Hass zwischen zwei Staaten, deren Politik und die Auffassungen ihrer Bevölkerung über Jahre hinweg gestört blieben.

Um die deutsch – französischen Beziehungen im Spektrum der Jahre 1924 und 1925 verstehen zu können, muss demnach zunächst die Vorgeschichte und damit die Entstehung des Konfliktes zwischen beiden Staaten betrachtet werden. In diesem Zusammenhang erscheint die Bedeutung des Versailler Vertrages zu diesem Thema als besonders beachtenswert. Diese Auffassung ist in der modernen historischen, aber auch politologischen Forschung weit verbreitet, sodass dem interessierten Leser zahlreiche Studien, Dokumente, Biographien und Fachbücher zugänglich sind. Der Historiker Ulrich Kluge etwa geht in seinem Werk „Die Weimarer Republik"[1] verstärkt auf die wirtschaftlichen Zusammenhänge in dem deutsch – französischen Konflikt ein. Hermann Hagspiel oder Wolfgang Michalka dagegen versuchen in ihren Abhandlungen[2] die Ursachen und Folgen der gestörten Beziehung beider Seiten politologisch und vorzugsweise parteilich zu erörtern. In Bezug auf die divergierenden Interessen des deutschen und des französischen Volkes beziehungsweise die Verarbeitung der Ereignisse zwischen 1918/19 und 1933 in der Presse sind darüber hinaus Biographien[3], Dokumentensammlungen und Archivbesuche von hoher Bedeutung.

Die Basis der Änderung der Intention und Ziele Deutschlands und Frankreichs in der (Außen-) Politik beider Staaten war der Vertrag vom Locarno vom 16. Oktober 1925. Im Folgenden sollen daher anhand dieses Sicherheitspaktes die Reaktionen der deutschen

---

[1] Kluge, Ulrich: Die Weimarer Republik. Paderborn 2006.
[2] Michalka, Wolfgang (Hrsg.); Niedhart, Gottfried: Deutsche Geschichte 1918 – 1933. Dokumente zur Innen- und Außenpolitik. Frankfurt/Main 2002.
Hagspiel, Hermann: Verständigung zwischen Deutschland und Frankreich. Die deutsch – französische Außenpolitik der zwanziger Jahre im innenpolitischen Kräftefeld beider Länder. Bd. 24 (Pariser Historische Studien), Bonn 1987.
[3] Suarez, Georges: Briand. Sa vie et son oeuvre avec son journal et de nombreux documents inedits. Bd. 6, L´ Artisan de la Paix 1923 – 1932. Paris 1952.

sowie der französischen Parteien im Rahmen einer Verständigungs – und Entspannungspolitik, die durch die Außenminister Gustav Stresemann (R 1923 – 1929) und Aritiste Briand (R 1925 – 1932) entscheidend konstruiert wurde, erörtert und bewertet werden.

War es möglich, die schweren Erschütterungen der letzten etwa 50 Jahre zwischen Deutschland und Frankreich durch die Einsicht der Notwendigkeit einer gemeinsamen Wirtschafts- und Außenpolitik zu durchbrechen? Konnten sich die vormaligen Feinde wieder annähern?

2. Der Vertrag von Locarno

2.1 Zusammenfassung der Vorgeschichte

Die Unterzeichnung des Versailler Vertrages am 18. Juni 1919 bedeutete de jure das Ende des Weltkrieges, faktisch bildete er das Fundament des weiteren Konfliktes zwischen Deutschland und den Siegermächten, vor allem im Bezug auf Frankreich. Die strukturelle Unterlegenheit der französischen Nation und die daraus resultierende allzeitliche Angst vor neuen Aggressionen der Deutschen bestimmten maßgeblich die Festlegungen des Vertrages.

Zentrale Regelungen sahen das Verbot eines Anschlusses Deutschlands an Österreich vor, weitgehende militärische Entwaffnung, d.h. eine Beschränkung des Heeres auf 100000 Soldaten, die Auflösung des Generalstabes und das Verbot der Verwendung bestimmter Waffen, Verlust von 90 Prozent der Handelsflotte und die Aufhebung des Friedensvertrages von Brest – Litowsk. Durch Gebietsabtretungen verlor Deutschland 13 Prozent des nationalen Gebietes verbunden mit dem Verlust von zehn Prozent der Bevölkerung.[4]

Besonders schwer traf die junge Republik die Reparationsforderungen, in denen zunächst eine Vorauszahlung von 20 Milliarden Goldmark als Entschädigung vorgesehen waren. Weitere Ansprüche sollten nach einem internationalen Gutachten zur Zahlungsfähigkeit Deutschlands geltend gemacht werden, die „Reparationsfalle"[5] entwickelte sich.

Den moralischen Bruch der Deutschen und die Auffassung vom „Versailler Diktat" beschwor der Kriegsschuldartikel 231, in dem Deutschland die alleinige Schuld an der Katastrophe zugesprochen wurde. „Dieser Vertrag ist nach Auffassung der Reichsregierung unannehmbar!"[6]

---

[4] Die Bevölkerungszahl bezieht sich auf den Stand von 1910.
[5] Kluge, S.49.
[6] Stellungnahme Scheidemanns zu den Friedensbedingungen am 12. Mai 1919;
Zit. nach: Verhandlungen der verfassunggebenden Nationalversammlung, Bd. 327, S. 1082ff

Der politische Graben zwischen Frankreich und Deutschland, gefüllt mit wechselseitigen Hass, Wut und Angst bedeutete den Fortgang der Auseinandersetzung zwischen Siegern und dem Besiegten des ersten weltumfassenden Krieges. Fortan lag es im französischen Interesse, die Bedingungen des Vertrages unter allen Umständen erfüllen zu lassen; die deutsche Politik hingegen strebte eine Revision des Friedensvertrages an – ein Gegensatz, der die Politik bis 1924 maßgeblich bestimmen sollte.

Die Erschütterung der ohnehin gestörten deutsch – französischen Beziehungen erlangte Anfang 1923 einen Höhepunkt. Der Ruhrkonflikt: dieser ergab sich aus dem Einmarsch französischer Truppen mit belgischer und italienischer Unterstützung. Strategisch wichtige Punkte wurden besetzt, eine Zentralverwaltung unter militärischen Zwang eingerichtet. „Das Gläubigerland Frankreich hat von dem Schuldner Deutschland die Rheinland als Pfand erhalten."[7] Frankreich nutzte demnach das Rheinland und die Besetzung des Ruhrgebietes, um die Reparationszahlungen Deutschlands zu erzwingen. Tatsächlich war der Besiegte des Krieges Ende 1922 mit Kohle- und Holzlieferungen in Rückstand geraten, für die französische Regierung eine bewusste Verletzung der Bestimmungen des Versailler Vertrages. Allerdings hatte Deutschland bereits m Juli 1922 beantragt, die Restzahlungen der Reparationen aufgrund von Zahlungsunfähigkeit bis 1925 auszusetzen. Dies erwies sich gemäß Artikel 234 des Vertragswerkes als legitim. Umso schockierender war folglich der Einmarsch der französischen Truppen Anfang 1923. „Die Erweiterung des besetzten Gebietes ist unvereinbar mit dem Versailler Vertrag. Sie zeigt, daß auch vier Jahre nach dem Kriegsende der französische Militarismus (...) noch mit den Mitteln des Krieges arbeitet.[8]

Die Ruhrbesetzung hemmte also eine mögliche Entspannungspolitik der deutsch – französischen Beziehungen. So stellt der Historiker Ulrich Kluge fest: „Der Krieg im Ruhrgebiet (...) kannte keine Sieger, nur Opfer."[9]

Unter dem Eindruck des Ruhrkampfes, der nachfolgenden Inflation in Deutschland und Frankreich und den Versuchen der Reichsregierung, eine Währungsstabilität herbeizuführen, entstand der Dawes – Plan, in dem im August 1924 neue Modalitäten zur Reparationsfrage beschlossen wurden.[10] Doch auch hier verhinderte der Konflikt von Anspruch und Wirklichkeit eine deutsch – französische Entspannungspolitik. Der deutsche Außenminister Gustav Stresemann strebte fortan eine Revision der Höhe der Zahlungen an, der

---

[7] A. Dariac, Vorsitzender der Finanzkommission der französischen Kammer am 28 Mai 1922;
Zit. nach: Erbar, Ralph: Quellen zu den deutsch – französischen Beziehungen 1919 – 1963. Darmstadt 2003.
[8] Der Vorstand der SPD zur Ruhrbesetzung am 11. Januar 1923;
Zit. nach: Michaelis; Schraepler (Hrsg.): Ursachen und Folgen. Bd. 5, S. 24f.
[9] Kluge, S. 76.
[10] Ein internationales Gutachten erkannte Deutschland lediglich eine bedingte Zahlungsfähigkeit an. Aufgrund dieser Tatsache wurden die ursprünglichen Forderungen leicht gelockert. Der Dawes – Plan sah vor, das Deutschland in den Jahren 1924 und 1925 eine Milliarden Goldmark als Reparationen zu zahlen hätte. Anschließend sollte eine jährliche, schrittweise Steigerung der Zahlungen auf einen Höchstbetrag von 2,5 Milliarden Goldmark bis 1928/29 erfolgen. In Falle der wirtschaftlichen Stabilisierung Deutschlands war eine weitere Erhöhung der Reparationszahlungen ab 1929 angedacht. Eine zeitliche Begrenzung der Forderungen wurde jedoch nicht festgelegt.

französische Außenminister forderte hingegen weiterhin die schnellstmögliche Begleichung der Kriegsschulden.

Vor dem Hintergrund der genannten Faktoren begann Ende 1924 eine langsame politische Konsolidierung zwischen Deutschland und Frankreich, an dessen Ende ein dauerhafter Frieden in ganz Europa und der Abschluss aller Aggressionen stehen sollte. Den Grundstein dafür legte der Vertrag von Locarno vom 16. Oktober 1925. Doch welche Einflüsse begründeten Verhandlungen und eine Entspannungspolitik? Warum kam kaum zwei Jahre nach der Ruhrbesetzung ein deutsch – französisches Abkommen zustande?

2.2   Hoffnungen und Ziele in der Politik beider Staaten

Sowohl die Siegermächte als auch Deutschland erkannten die Notwendigkeit der Änderung der politischen Maßnahmen zugunsten einer Realpolitik. In der modernen historischen Forschung gilt unter diesem Aspekt Gustav Stresemann als Vorreiter.

Deutschland sollte in der Staatengemeinschaft aufgenommen werden, die Wirtschaft sollte sich entspannen und die Konjunktur in Europa gefördert werden. Dem deutschen Außenminister wurde bewusst, dass hierfür aber auch Zugeständnisse der Reichsregierung notwendig waren. Stresemann verzichtete deshalb öffentlich auf die Wiederherstellung der deutschen Großmachtstellung und machte im Bezug auf alliierte – und vor allem französische – Sicherheitsansprüche Kompromissvorschläge. Gleichzeitig bot der Realpolitiker Verhandlungen zur Grenzfrage im Westen an, was unter den Siegermächten erhebliche Diskussionen auslöste. So bemerkte der britische Botschafter Lord d´Abernon am 3. Februar 1925: „Nach allem, was ich aus London höre, hat der deutsche Vorschlag bloß eine Wirkung erzielt: er hat in offiziellen Kreisen nur Mißtrauen hervorgerufen. (…) Ich hoffe, man will damit nicht sagen, daß der bilaterale Pakt (…) zugunsten eines englisch – französischen antideutschen Abkommens zurückgestellt wird. Es wäre ein bedauernswertes Ergebnis. (…)"[11]

Die deutsche Reichsregierung forderte Gleichberechtigung unter den Völkern, jenes Gut, das nach Meinung vieler Politiker der Weimarer Republik durch den Versailler Vertrag der jungen Republik verwehrt blieb. „Bei dem Räumungskonflikt geht der Schritt letzten Endes nicht um die Erfüllung oder Nichterfüllung einzelner Vertragsparagraphen, sondern ob es möglich ist, einem Kulturvolk von 60 Millionen auf die Dauer Achtung und Gleichberechtigung zu versagen. (…)"[12], erkannte Gustav Stresemann am 18. Mai 1925 und formulierte damit die Ziele der „Großen Koalition" Luther im Äußeren.

---

[11] Zit. nach Michalka, S. 104.
[12] Ebd., S. 106.

6

Die deutschen Bestrebungen wurden nach einigem Zögern in Frankreich positiv aufgenommen. Folgende Faktoren begünstigten die neue Verhandlungsbereitschaft:

1. die neue, linksgerichtete Politik der Regierung Herriot löste seit Mitte 1924 die bis dato vorherrschenden Spannungen, begründet durch die konservativen Interessen Poincares;

2. die Einsicht Frankreichs, die wirtschaftliche Kraft Elsaß – Lothringens und des Saargebietes auf den deutschen Märkten effektiv nutzen zu können;

3. die Franc – Krise, die durch die Ruhraktion ausgelöst wurde, konnte durch amerikanische Stützungspolitik und gesteigerten Export nach Deutschland aufgefangen werden;

4. die Erhöhung des Druckes der USA und Großbritannien auf Frankreich sowie die drohende Isolation.

Dementsprechend waren unterschiedliche Forderungen und Ziele an ein mögliches Abkommen gestellt. Frankreich forderte die Unversehrtheit des Gebietsstandes am Rhein, wobei Großbritannien und Italien als Garantiemächte auftreten sollten, die Rückdrängung des Bolschewismus bei gleichzeitiger Unantastbarkeit der osteuropäischen Grenzziehung sowie das Ende der Revisionspolitik Deutschlands. Die Wurzeln dieser Ziele lagen in den Wahlkampfversprechen Herriots von Mai und Juli 1924: „securite – arbitrage – desarmement"[13].

Die Reichsregierung Luther hoffte hingegen auf alliierte Zugeständnisse in der Grenzfrage im Westen und das Ende der Konfrontation zwischen Siegern und Besiegtem, internationale Gleichberechtigung der jungen Republik sowie die Achtung des Selbstbestimmungsrechtes der Völker in Anlehnung an die Grenzziehung im Osten. Weiterhin sollte die Möglichkeit der Revision des Dawes – Planes bis 1928 diskutiert werden.

Erneut schienen verhärtete Forderungen aufeinander zu prallen, doch blieb der Öffentlichkeit nicht verborgen, dass eine langsame aber stetige Annäherung zwischen Frankreich und Deutschland einzusetzen begann. Aus diesen Überlegungen entstanden zunächst die wirtschaftlich geprägten Luxemburger Abkommen und der Londoner Vertrag. Für Stresemann aber blieben diese nur Teilschritte: „Der wirtschaftlichen Verständigung (...) muß eine politische Verständigung folgen!"[14] Diese Intention erkannte auch der französische Außenminister Briand und sah sich – und damit die gesamte Nation – zum kooperativen Handeln bereit.

---

[13] Zit. nach Hagspiel, S. 266.
[14] Zit. nach Michalka, S. 114f.

2.3   Die Bestimmungen

Unter diesem Eindruck entstand das Vertragswerk von Locarno, das Deutschland, Belgien, Frankreich, Großbritannien und Italien am 1. Dezember 1925 unterzeichneten. Als gemeinsame Wünsche galten das Streben nach Sicherheit und Schutz sowie die Erkenntnis der Notwendigkeit der Friedenssicherung.[15] In dem Vertrag wurde die Anerkennung der Unverletzlichkeit der im Versailler Vertrag festgelegten Grenzen zwischen Deutschland und Frankreich sowie zwischen Deutschland und Belgien garantiert. Zusätzlich verzichteten die drei betroffenen Staaten auf neue Angriffe und eine Kriegführung gegeneinander. Die Einhaltung der Vertragsbestimmungen wurde unter die Aufsicht des Völkerbundrates gestellt. Darüber hinaus erhielt Deutschland die Aussicht auf eine Aufnahme in den Völkerbund. Von einem von Frankreich angestrebten „Ostlocarno" wurde jedoch abgesehen, die französische Delegation selbst sicherte sich über Schiedsverträge mit Polen und der Tschechoslowakei deren Loyalität. Auch Deutschland unterzeichnete Schiedsverträge mit den genannten Nationen, die jedoch ohne Garantien faktisch bedeutungslos waren.

Die Konferenz endete in friedvoller Einigkeit, obgleich sie für Deutschland und Frankreich nur einen Teilerfolg darstellte. Dennoch nannte Gustav Stresemann die Unterzeichnung des Vertragswerkes den „Silberstreif am düsteren Horizont"[16]

3. Reaktionen auf die Konferenz

3.1   „Silberstreifen am düsteren Horizont" – Meinungen in Deutschland

Die Bilanz von Locarno war für die Reichsregierung demnach durchaus positiv. Doch dem Erfolg folgte die Ernüchterung in der Heimat. Zwar waren nahezu alle Vertreter der Parteien positiver Auffassung von den Forderungen Stresemanns, doch hatte man sich im Allgemeinen von der Konferenz bedeutendere Resultate erhofft. Vor allem die noch immer vorherrschende Stationierung französischer Truppen im Rheinland wurde scharf kritisiert, auch das Volk sah diese Erwartung in die Konferenz nicht bestätigt, gleichwohl der Außenminister die Garantie Frankreichs erreichte, die Soldaten schnellstmöglich aus Deutschland abzuziehen. Auch die noch ausstehende innenpolitische Ratifizierung des Vertragswerkes erwies sich als schwierig. Die KPD folgte einem Aufruf der französischen

---

[15] Vgl. Vertrag von Locarno in Übersetzung;
http://www.documentarchiv.de/wr/1925/locarno-vertrag.html, Stand 12.04.2007, 11.05 Uhr
[16] Kluge, S. 124.

Kommunisten zum Boykott des „imperialistischen Paktes", der aufgrund der weiteren Nichtanerkennung der Ostgrenzen die Sicherheit Russlands diskriminiere und so von der angestrebten Sicherheitspolitik ausschließe.[17] Ähnliche Kritik äußerte auch die DNVP, zu diesem Zeitpunkt in der „Großen Koalition" in Regierungsverantwortung. Stresemann wurde die Preisgabe „deutschen Volksbodens" im Westen vorgeworfen.[18] Die Konservativen begründeten ihre Haltung mit der gescheiterten Überwindung der französischen Hegemonie, auch blieb der erhoffte Rückgewinn verlorener Gebiete aus. Diese Ablehnung erschütterte die Regierung Luther in erheblichem Maße, sodass sich Stresemann während des Ratifizierungsprozesses verstärkt der SPD annäherte.[19] Schließlich traten die Minister der DNVP aus dem Kabinett Luthers zurück. Doch auch aus der SPD gab es nur verhaltene Zustimmung zu dem Vertragswerk von Locarno. So wurde die Konferenz sehr wohl als „Scheidepunkt der europäischen Politik"[20] betrachtet, allerdings dürfe die internationale Staatengemeinschaft Russland nicht von dem Friedensprozess ausgrenzen. Die angestrebte Abrüstung hingegen wurde positiv aufgenommen.

Die Parteien der politischen Mitte, Zentrum und DDP, stimmten den Vertragswerk zu, wobei als oberste Priorität der deutschen Politik weiterhin das Ende der Reparationszahlungen und die allgemeine Achtung des Selbstbestimmungsrechtes im Hinblick auf die Gebietsabtretungen nach dem Versailler Vertrag verkündet wurden.

Das Kabinett Luther stand folglich innenpolitisch weiter erheblich unter Druck. Vordergründig gelang es zwar, „(…) [dem] Würger, der uns an der Gurgel sitzt (…)"[21] zu Verhandlungen und Kompromissen zu bewegen, das Erreichte aber blieb hinter den Erwartungen der Parteien zurück.[22]

3.2 „paix par le courage" – Die Verarbeitung in Frankreich

Weitaus positiver gestaltete sich die Rückkehr der französischen Delegation aus der Schweiz. Aritiste Briand konnte nach Auffassung der Mehrheit der Abgeordneten der Kammer die bestehende enge Bindung mit Polen durch Schiedsverträge ausbauen und darüber hinaus sogar den potentiellen Aggressor Deutschland zu einem international anerkannten Abkommen bewegen. Vor allem letztgenanntes brachte dem Außenminister zahlreiche Sympathien. „Um Frieden zu haben und um ihn zu bewahren, muß man ihn

---

[17] Vgl Hagspiel, S. 271f.
[18] Ebd. S. 279.
[19] Vgl. Michalka, S. 110ff.
[20] Reichtagsrede des Abgeordneten Wels am 24. November 1925;
    Michalka, S. 110ff.
[21] Hagspiel, S. 282f.
[22] Vgl. hier Abbildung 1: Die Reaktionen der deutschen Parteien auf den Vertrag von Locarno, S. 10.

zuerst einmal wollen!"[23] Die französische Sicherheitspolitik „paix par le courage" wurde geboren.

Allerdings wurde das Scheitern des angestrebten „Ostlocarnos" negativ bewertet, vor allem in der Regierung Herriots selbst. So erklärte der französische Abgeordnete Paul – Boncour: „Der Fehler des Garantieabkommens liegt im Fehlen einer analogen Sicherung der deutschen Ostgrenzen. Ein allfällig neuer Krieg in Europa wird seinem Anfang mit Bestimmtheit im Osten nehmen. Wir dürfen nicht vergessen, daß der Niederlage von Sedan Königgrätz vorausging. (…)"[24]

Aus gleichem Anlass verzichteten die französischen Kommunisten auf die Ratifizierung des Vertrages. Deutschland dürfe nicht erneut eine expansive Wirtschaftspolitik betreiben, die in der Einverleibung der jungen osteuropäischen Staaten enden könnte.

Die Auffassung des deutschen Aggressors war folglich kaum überwunden, doch fühlte sich Frankreich durch das neue Vertragswerk sicherer.

Den offensichtlichen Verlust der französischen Großmachtstellung kritisierten die Nationalisten äußerst scharf. Diese forderten weiterhin die ständige Überwachung der Einhaltung des Versailler Vertrages. Darüber hinaus wurde die wechselseitige Garantie Englands als indirekte Niederlage der eigenen Nation betrachtet, da der einstige Alliierte nun auch mit dem Besiegten kooperieren konnte. Eine solche Allianz blieb für die konservativen Kräfte Frankreichs allerdings ausgeschlossen.

Im Einklang mit den gemäßigten Rechten negierten alle Parteien in Frankreich den deutschen Vorschlag, die Grenzziehung im Osten sowie die Modalitäten des Dawes – Planes im Völkerbundsrat zu diskutieren. Da allerdings in Locarno festgelegt wurde, dass Deutschland bei der Ratifizierung der Verträge die Aufnahme in den Völkerbund garantiert wird, schien diese Konfrontation unausweichlich.

Resultierend aus den Reaktionen der französischen Parteien auf die Ergebnisse der Konferenz von Locarno kann gedeutet werden, dass nicht die französische Delegation kritisiert wurde, vielmehr galten die negativen Stimmen der deutschen Politik und der allzeitlich vorherrschenden Auffassung vom deutschen Aggressor.[25]

---

[23] Zit. nach ebd., S. 266.
[24] Zit. nach ebd., S. 268.
[25] Vgl. hier Abbildung 2: Die Reaktionen der französischen Parteien auf den Vertrag von Locarno, S. 11.

4.   Folgen und Perspektiven Locarnos

In Deutschland wurde der Vertrag von Locarno mit 291 gegen 174 Stimmen vom Reichstag angenommen. Das Ergebnis stand dabei repräsentativ für die divergierenden Meinungen in der Politik. Der Großteil der demokratisch – gesinnten Abgeordneten befürwortete die Bestimmungen der Konferenz von Locarno, doch auch Gustav Stresemann selbst wusste um die weiteren Schritte, die in Zukunft getan werden mussten. Die Regierung war sich sicher, nur aus einem „Geist von Weimar" konnte sich der „Geist von Locarno" völlig entfalten. Umso notwendiger erschien es dem führenden Politiker, möglichst schnell in den Völkerbund aufgenommen zu werden, um die Konsolidierung des wirtschaftlichen Kräfteverhältnisses und dem großen Ziel der Gleichberechtigung in der Staatengemeinschaft näher zu kommen. Dies konnte mit Hilfe von Locarno durchaus gelingen. So stellte Lord d´ Abernon fest: „Der erste und wichtigste Gewinn [für Deutschland] liegt darin, daß Locarno die Kriegsentente gegen Deutschland beendet. Er bringt Deutschland in das europäische Konsortium der Westmächte und räumt mit der alten diplomatischen Auffassung der Lage auf, die Deutschland als ‚den bösen Friedensstörer´ (…) und ‚den tollen Hund Europas´ betrachtete."[26]

Folglich widerstrebten die Reaktionen der deutschen Parteien den Auffassungen der Westmächte vom neuen demokratischen Deutschland, ein maßgeblicher Umstand, der bis 1933 die „Republik ohne Republikaner"[27] zum Fall bringen sollte. Stresemann aber hatte zunächst sein vorrangig außenpolitisches Ziel erreicht.

Für den französische Außenminister Briand hingegen entwickelte sich der Vertrag von Locarno auch innenpolitisch zu einem großen Erfolg. Nach der Auffassung der Majorität der französischen Kammer stand der Sicherheitspakt in formellen Einklang mit den Bestimmungen des Versailler Vertrages ohne dabei Repressalien androhen zu müssen. Briand galt bereits bei seiner Rückkehr aus der Schweiz als der „Pilger für den Frieden"[28]. Diese breitere Zustimmung der Politik zu dem Vertragswerk liegt sowohl im Ausgang des ersten großen Krieges als auch dem Alter beziehungsweise der Beständigkeit der Staatsformen der beiden Länder. Frankreich hatte den Krieg gemeinsam mit Großbritannien und den USA gewinnen können, die Nation, wenngleich auch von Wirtschaftskrisen, Kriegsmüdigkeit und linksextremen Strömungen zerrüttet, konnte doch stärker auf ein demokratisches Fundament zurückgreifen. Genau diese Entwicklung war in der jungen Weimarer Republik gestört: die Radikalisierung in den Folgejahren seit 1919, das „Versailler Diktat" und die Niederlage im Krieg erschütterten die deutsche Bevölkerung und Politik

---

[26] Zit. nach Michalka, S. 109f.
[27] Zit. nach Haffner, Sebastian: Anmerkungen zu Hitler. Hamburg 1981, Anmerkung 20.
[28] Hagspiel, S. 266.

gleichermaßen. Die nach Locarno folgenden Jahre der Konsolidierung konnten ebenfalls nicht über die fehlende innenpolitische Stabilität Deutschlands hinwegtäuschen.

Der Blick in die Zukunft aber konnte für das Volk Ende 1925 weitaus positiver ausgesehen haben als noch zwei Jahre zuvor. Diese Entwicklung hatten die vormaligen Feinde den Konstrukteuren der neuen deutsch – französischen Beziehungen, Briand und Stresemann, zu verdanken.[29]

---

[29] Inwieweit die politische Zusammenarbeit unter Umständen auch private Züge kannte, könnte das zentrale Thema einer weiterführenden Ausarbeitung sein. An dieser Stelle soll auf eine genauere Betrachtung einer möglichen Freundschaft zwischen Briand und Stresemann verzichtet werden.

5. Anhang

Abbildung 1: Die Reaktionen der deutschen Parteien auf den Vertrag von Locarno

	Regierung Luther/Stresemann	Zentrum/DDP	SPD	DNVP	KPD
Allgemein	wichtiger Schritt zum Entgegenwirken der Hegemonie Frankreichs	Gesundung der deutschen Wirtschaft schreitet voran	„Scheidepunkt der europäischen Politik" (Wels)[30]	Kritik an geringen Gegen-leistungen	„imperialis-tischer Pakt von Locarno"
Rolle Frankreichs	„(…) der Würger, der uns an der Gurgel sitzt (…)"[31]	Freiwillige Einordnung, kein Versailler Diktat	-	Weiterhin Hegemonie Frankreichs → keine Ratifizierung	kein Ostlocarno → Sympathie mit Franzosen
Abrüstung	zum Wohle der Sicherung des Rheingebietes	-	fehlende Integration Russlands negativ	-	friedliches Zusammen-leben auch mit Russland
Grenzfrage	Wieder-herstellung der Gleichberechti-gung v.a. im Osten	schneller Abzug der französischen Truppen	Gleichberechti-gung fördert Diskussion über Grenzziehung	kein Rückgewinn verlorener Grenzen scharf kritisiert	oktroyierte Grenzen verstoßen weiter gegen Selbst-bestimmungs-recht

Quelle: eigene Aufstellung;

nach Hagspiel, Hermann: Verständigung zwischen Deutschland und Frankreich. Die deutsch – französische Außenpolitik der zwanziger Jahre im innenpolitischen Kräftefeld beider Länder. Bd. 24 (Pariser Historische Studien), Bonn 1987, S. 248 – 287.

---

[30] Michalka, S. 110ff.
[31] Hagspiel, S. 282.

Abbildung 2: Die Reaktionen der französischen Parteien auf den Vertrag von Locarno

	Regierung Herriot/Briand	Sozialistische Arbeiter Internationale	Gemäßigte Rechte	Nationalisten	Kommunisten
Allgemein	Einklang mit VV, Ausbau der europäischen Zusammenarbeit	paix par le courage (Paul – Boncour)	„Festigung der Macht durch Vertrag mit Polen	Verlust der Großmachtstellung, keine Stimme pro Ratifizierung	„Kriegspakt von Locarno", Gefahr der Ausbeutung der Arbeiter
Rolle Deutschlands	Rückdrängung des Aggressorstatus	Abkommen nur Schritt hin zu ständigen Frieden	Verlust der Kontrolle zur Einhaltung VV durch deutsche Gleichstellung	weiterhin Wachsamkeit und Vorsicht ggü. Kriegstreiber	Ablehnung der wirtschaftlichen Expansionspolitik
Abrüstung	securite – arbitrage – desarmement (Wahlprogramm)	Unterstützung der Kriegsmüdigkeit des Volkes positiv	kein Rückzug vom Rhein vor völliger Abrüstung Deutschlands	Deutschland muss ersten Schritt zur Einhaltung des VV gehen	Lediglich temporäre Entspannung zur Reorganisation des Rüstungspotentials
Grenzfrage	Makel des partiellen Sicherheitspaktes	fehlende Sicherung der deutschen Ostgrenzen	keine Grenzdiskussion im Völkerbundsrat	wechselseitige Garantie Englands gefährlich für Frankreich	Frieden mit allen Völkern nicht gesichert

Quelle: eigene Aufstellung;

nach Hagspiel, Hermann: Verständigung zwischen Deutschland und Frankreich. Die deutsch – französische Außenpolitik der zwanziger Jahre im innenpolitischen Kräftefeld beider Länder. Bd. 24 (Pariser Historische Studien), Bonn 1987, S. 248 – 287.

nach Suarez, Georges: Briand. Sa vie et son oeuvre avec son journal et de nombreux documents inedits. Bd. 6, L´ Artisan de la Paix 1923 – 1932. Paris 1952.

14

6. Literaturverzeichnis

Berber, Fritz: Locarno. Eine Dokumentensammlung. Berlin 1936.

Erbar, Ralph: Quellen zu den deutsch – französischen Beziehungen 1919 – 1963. Darmstadt 2003.

Eyck, Erich: Geschichte der Weimarer Republik. Von der Konferenz von Locarno bis zu Hitlers Machtübernahme. Bd. 2, Stuttgart 1962.

Hagspiel, Hermann: Verständigung zwischen Deutschland und Frankreich. Die deutsch – französische Außenpolitik der zwanziger Jahre im innenpolitischen Kräftefeld beider Länder. Bd. 24 (Pariser Historische Studien), Bonn 1987.

Haffner, Sebastian: Anmerkungen zu Hitler. Hamburg 1981.

Kluge, Ulrich: Die Weimarer Republik. Paderborn 2006.

Linnebach, Karl: Die Entmilitarisierung der Rheinlande und der Vertrag von Locarno. Eine völkerrechtliche Untersuchung. Berlin 1927.

Michalka, Wolfagng (Hrsg.); Niedhart, Gottfried: Deutsche Geschichte 1918 – 1933. Dokumente zur Innen- und Außenpolitik. Frankfurt/Main 2002.

Suarez, Georges: Briand. Sa vie et son oeuvre avec son journal et de nombreux documents inedits. Bd. 6, L´ Artisan de la Paix 1923 – 1932. Paris 1952.

Der Vertrag von Locarno in Übersetzung :
Vgl. http://www.documentarchiv.de/wr/1925/locarno-vertrag.html, Stand 12.04.2007, 11.05 Uhr

7. Abbildungsverzeichnis